Université de France.

ACADÉMIE DE STRASBOURG.

ACTE PUBLIC

POUR OBTENIR LE GRADE DE LICENCIÉ EN DROIT,

PRÉSENTÉ ET SOUTENU PUBLIQUEMENT

A LA FACULTÉ DE DROIT DE STRASBOURG,

Le samedi 11 août 1838, à midi,

PAR

MARIE-LOUIS CHAUFFOUR,

DE COLMAR (HAUT-RHIN),

BACHELIER ÈS LETTRES ET EN DROIT.

M. RAUTER, Doyen.

Président, M. KERN, doyen honoraire.

Examinateurs. {
MM. KERN, doyen honoraire.
BLOECHEL.
RAUTER.
} Professeurs.

BRIFFAULT, Professeur suppléant.

La Faculté n'entend ni approuver ni désapprouver les opinions particulières au candidat.

STRASBOURG,

IMPRIMERIE DE G. SILBERMANN, PLACE SAINT-THOMAS, 5.

1838.

DROIT CIVIL FRANÇAIS.

DES DIFFÉRENTS MODES D'ACQUÉRIR LA PROPRIÉTÉ, DE L'OUVERTURE DES SUCCESSIONS, DE LA SAISINE DES HÉRITIERS.

CHAPITRE PREMIER.

DES DIFFÉRENTS MODES D'ACQUÉRIR LA PROPRIÉTÉ.

Le Code civil, après avoir, dans le premier livre, réglé l'état des personnes; dans le second, fixé la propriété, son étendue et ses modifications, s'occupe dans le troisième, de déterminer les modes d'acquisition et de transmission de cette même propriété. Dans un titre préliminaire qui sert, pour ainsi dire, de préface à ses subséquentes dispositions, il indique succinctement les différents moyens d'acquérir, tant naturels que civils, tant originaires que dérivés : pour le mode d'exercice et la limitation des premiers, il renvoie aux lois particulières qui régissent cette matière (voyez aussi liv. II, tit. 2, ch. 1 et 2) ; quant aux derniers, ils sont réglés par les titres suivants du troisième livre.

On entend par modes d'acquérir les actes ou les faits qui confèrent immédiatement à une personne la propriété d'une chose ou du moins un droit réel sur cette chose.

Ces modes, comme nous l'avons dit, peuvent se diviser en originaires et dérivés.

SECTION I.

Des modes originaires.

On appelle *modes originaires,* ceux par lesquels on acquiert la propriété de choses qui n'appartiennent à personne ou qui sont censées n'appartenir à personne.

Les modes originaires reconnus par le Code, sont : l'occupation et l'accession.

§ 1. *De l'occupation.*

Dans le projet du Code, la commission chargée de la rédaction, avait proposé un article conçu en ces termes : « La loi ne reconnaît pas de simple occupation ; les choses qui n'ont jamais eu de maître appartiennent à la nation. » Mais sur les observations de la Cour de Paris, on supprima la première partie de l'article qui, bien que modifiée par l'adjonction de l'art. 714, est beaucoup trop vague encore. En combinant ces deux articles (713 et 714), on ne peut douter que pour les choses *communes et nullius,* la loi n'ait entendu sanctionner le droit d'occupation, tout en réservant à l'État une espèce de *dominium eminens,* de police supérieure pour régler le mode d'exercice de ce droit naturel. « Il était impossible, en effet, de « soustraire aux particuliers la faculté d'acquérir le domaine de « l'eau qu'ils puisent à la rivière, des pierres et des coquillages qu'ils « ramassent sur le bord de la mer, etc. » (*Observations de la Cour de Paris sur la troisième partie du projet du Code civil*).

L'occupation en Droit français, peut donc être définie, l'appréhension d'une chose qui n'appartient à personne, en se conformant aux règlements de police générale. Elle comprend la *chasse,* la *pêche* et l'*invention.*

A. Dans l'état primitif et avant l'établissement de la propriété, la chasse pouvait se faire indistinctement sur tous les terrains. Mais lorsque les biens furent irrévocablement assignés, chacun n'eut plus que la faculté de chasser sur ses propres terres. Dans le moyen âge, le seigneur haut-justicier, en sa qualité de *dominus eminens*, s'attribua le droit exclusif de chasser sur le territoire de sa domination. Ce droit féodal tomba avec les autres priviléges devant les lois libérales de la Constituante. C'est encore la loi du 22 avril 1790 qui régit cette matière.

Destinée à préserver les propriétés des dégâts des animaux sauvages, la chasse en ce qu'elle avait d'utile, devait être favorisée par la loi. Aussi voyons-nous cette dernière, supposant une convention entre tous les propriétaires d'une commune, accorder à chacun le droit de chasser sur les propriétés de tous, en tant toutefois qu'elles ne sont pas closes. Ce droit, dans son exercice, offrait aussi beaucoup d'inconvénients : en parcourant les terres, le chasseur pouvait détruire les espérances de la récolte ; c'est pour y obvier que la loi fixe le temps où la chasse est prohibée. Cette prohibition ne peut du reste s'appliquer au propriétaire chassant dans un terrain clos.

Une dernière limitation apportée au droit de chasse est la nécessité d'un permis de port d'armes. Il n'existe pas dans la législation de loi qui punisse celui qui aurait chassé sans port d'armes, et ce n'est que d'après un décret illégal du 4 mai 1812, qu'on peut poursuivre le délinquant ; la loi de 1790 accordait à tous les citoyens le droit de port d'armes.

La chasse étant un démembrement du domaine utile, appartient à l'usufruitier et à l'usager, jusqu'à concurrence de son droit. Le fermier ne l'obtient, comme tout autre individu, qu'en vertu d'une convention expresse.

B. La pêche est, comme la chasse, un moyen d'acquérir la propriété de choses qui n'appartiennent à personne. Il faut distinguer la pêche qui se fait dans la mer ; celle qui se fait dans les rivières navigables et flottables, et celle qui se fait dans les rivières non navigables.

La loi qui régit la matière dans le premier cas, est l'ordonnance de la marine du mois d'août 1681, qui porte : « Déclarons la pêche de la « mer libre et commune à tous nos sujets auxquels nous permet- « tons de la faire tant en pleine mer que sur les grèves avec les filets « et engins permis. » Dans les dispositions suivantes, la loi s'attache à fixer la grandeur des mailles et à régler d'autres détails pour em- pêcher la diminution des poissons, en détruisant le frai, ou pour favoriser la liberté de la pêche en prohibant des établissements qui s'en attribueraient le monopole.

La propriété des rivières navigables et flottables appartenant à l'état, la pêche, si ce n'est à la ligne flottante, n'est accordée dans ces rivières qu'à celui qui l'a affermée ou qui en a obtenu la conces- sion.

Enfin, la pêche dans les rivières non navigables est accordée aux propriétaires riverains, sauf toujours les lois destinées à arrêter les abus.

C. On trouve encore d'autres exceptions à l'art. 713 du Code civil, qui déclare appartenir à l'État les choses qui n'ont pas de maître. Ces exceptions se rapportent toutes à des choses mobilières et ont pour objet les choses abandonnées, celles rejetées par la mer, les plantes et herbages du rivage de la mer et les choses perdues.

Tous ces objets, dans le Droit romain, appartenaient au premier occupant; la législation du moyen âge les attribua soit au fisc, soit aux seigneurs. L'Assemblée constituante, en abolissant la féodalité, attribua exclusivement ce droit au fisc; mais cette législation reçut de graves modifications par les art. 716 et 717 du Code civil.

L'art. 716 accorde la propriété des trésors à ceux qui les trouvent sur leurs propres fonds, et la moitié de ces mêmes trésors à ceux qui les trouvent sur les fonds d'autrui, pourvu encore que cela soit par cas fortuit.

Le trésor est toute chose cachée ou enfouie, sur laquelle personne ne peut justifier sa propriété et qui est découverte par le pur effet du hasard (art. 716). La seconde partie de l'article s'applique seulement au trésor trouvé sur le terrain d'autrui.

La principale règle qu'on invoque ici, c'est que la propriété du dessus emporte celle du dessous (art. 552). Il faut d'ailleurs que le droit de propriété sur le trésor ne puisse être justifié. Ainsi si, dans une maison que je vous ai vendue, vous trouviez un dépôt de pièces modernes et dont la date indique que le dépôt a été fait au temps où la maison était occupée par mon père, ce n'est plus un trésor, mais une chose égarée.

Enfin l'art. 717 porte que les droits sur les effets jetés à la mer, sur les objets que la mer rejette, sur les plantes et les herbages qui croissent sur le rivage de la mer, sont réglés par des lois particulières. Il en est de même des choses perdues dont le propriétaire ne se présente pas.

Le législateur semblait promettre, dans cet article, des lois d'administration sur toutes ces matières; mais comme il n'en a pas été fait depuis, c'est aux lois antérieures qu'il faut avoir recours. Ces lois désignent les choses perdues ou abandonnées sous le nom général d'*épaves*, qu'elles divisent en épaves maritimes, épaves d'eau et épaves de terre. Les épaves maritimes comprennent non-seulement les choses qui sont du crû de la mer, mais encore toutes les choses qui s'y trouvent par une cause quelconque. Elles sont régies par l'ordonnance de 1681 qui porte, art. 29, tit. 9, l. 4, que les choses du crû de la mer, comme ambre, corail, poissons à lard et autres choses semblables, qui n'auront appartenu à personne, demeureront à ceux qui les auront tirées du fond de la mer ou pêchées sur les flots; et, s'ils les ont trouvées sur les grèves, ils n'en auront que le tiers; les deux autres tiers reviendront à l'État.

Quant aux herbages, ceux qui sont détachés par la mer appartiennent au premier occupant. La coupe de ceux qui restent attachés aux rochers doit être réglée par les préfets (arrêté du gouvernement du 18 thermidor an X).

Les effets tirés du fonds de la mer ou trouvés sur les flots, appartiennent, dans la plupart des cas, pour deux tiers à l'État, et pour un tiers à célui qui les a trouvés, à la charge d'en faire la déclaration à la justice de paix. Ceux qui sont échoués sur les grèves sont adjugés à l'État, sauf les frais de sauvetage.

Les objets trouvés dans les rivières navigables ou flottables ou sur les bords de ces rivières, sont régis par l'ordonnance des eaux et forêts de 1669. L'art. 16 de cette ordonnance porte : «Toutes épaves «qui seront pêchées sur les fleuves et rivières navigables, seront ga- «rées sur terre et les pêcheurs en donneront avis aux sergents et «gardes-pêches, qui seront tenus d'en dresser procès-verbal. Si, «dans un mois, les épaves ne sont pas demandées, elles seront ven- «dues à notre profit.»

La déclaration du 20 janvier 1699 et la loi du 11 germinal an IV, régissent les objets déposés dans les greffes criminels et dans les bureaux des messageries. Ils appartiennent à l'État après deux années passées sans réclamation.

Pour les choses perdues proprement dites, c'est celui qui les a trouvées qui en est propriétaire, sauf l'action de l'ancien propriétaire.

Enfin, l'on considère encore d'ordinaire comme épaves les abeilles. L'art. 3, sect. 3, § 5 de la loi du 6 octobre 1791 décide que le propriétaire peut les suivre lorsqu'elles s'éloignent, et les reprendre; mais dès que sa poursuite a cessé, il n'y a plus aucun droit, parce qu'il ne peut prouver l'identité. L'essaim appartient alors au propriétaire du sol sur lequel il s'est fixé.

Nous ne parlerons pas de l'*occupation bellica :* elle est régie par le Droit des gens.

§ 2. *De l'accession.*

La propriété d'une chose soit mobilière, soit immobilière, donne droit sur tout ce qu'elle produit et sur tout ce qui s'y unit, soit naturellement, soit artificiellement : ce droit s'appelle *droit d'accession* (art. 546). Ce droit est un droit naturel et originaire ; mais, comme tout droit dans la société, il est réglé quant à son étendue et à son mode d'exercice par la loi positive. Comme il est régi par le Code civil, nous nous bornerons à renvoyer aux art. 546 à 578.

SECTION II.

Des modes dérivés.

Les modes dérivés d'acquérir sont ceux par lesquels la propriété est transférée d'une personne à une autre.

D'après le Droit naturel, il n'existe qu'un seul mode dérivé d'acquérir la propriété : c'est la tradition. Mais il a été aboli, au moins pour les immeubles, par le Code civil, qui déclare que la propriété s'acquiert par l'effet des obligations (art. 711) : qu'elle est acquise de droit, quoique la chose n'ait pas encore été livrée (art. 1583, 938); en un mot, que l'obligation de livrer la chose est parfaite par le seul consentement des parties contractantes, et qu'elle rend le créancier propriétaire (art. 1138, 2108).

Il n'en est pas de même quant aux meubles. Ici, en vertu du principe qu'en fait de meubles possession vaut titre, il faut admettre que la propriété des choses mobiliaires n'est positivement et irrévocablement transmise que par la tradition (art. 1141, 1610).

C'est de la loi que viennent tous les autres moyens dérivés d'acquérir la propriété. Mais en certains cas la propriété est transférée par l'effet seul de la loi, sans le concours du propriétaire, comme dans le cas de la mort civile, des successions légitimes et de l'usucapion ; en d'autres cas, la loi ne fait que ratifier la volonté du propriétaire qui désire transférer son droit à une autre personne, comme dans le cas des conventions, des donations et des testaments; enfin quelquefois la loi exige le ministère de la justice, comme dans le cas de vente par expropriation.

Du reste, les modes dérivés d'acquérir la propriété sont, ou à titre universel ou à titre singulier. Par les premiers, nous acquérons l'universalité où une quote-part de l'universalité des propriétés et des droits d'une personne, comme dans les successions *ab intestat*, dans les institutions d'héritier, ou legs universels, dans les legs à titre universel et dans les donations de biens présents et à venir.

Les modes à titre particulier sont ceux par lesquels on acquiert un objet spécialement désigné par son espèce, une individualité : comme dans les legs particuliers, les conventions, les donations.

APPENDICE.

Des choses qui n'appartiennent à personne et dont l'usage est commun à tous.

L'art. 714 reconnaît des choses qui n'appartiennent à personne et dont l'usage est commun à tous : tels sont les chemins publics, les rues et autres choses de même nature, qui, tant qu'elles conservent cette destination, ne sont pas susceptibles de propriété privée. Des lois de police et de sûreté, des règlements d'administration fixent l'exercice de ce droit d'usage afin de prévenir les inconvénients qui pourraient en résulter pour les particuliers, ou les dégradations qui détérioreraient la chose publique.

CHAPITRE II.

DE L'OUVERTURE DES SUCCESSIONS.

La succession est une institution civile par laquelle un propriétaire nouveau prend, en vertu de la loi, la place laissée vacante par la mort d'une personne qu'il représente dans tous les biens, droits et actions qui peuvent passer à un successeur. Considérée sous un autre rapport, la succession est la manière dont le nouveau propriétaire entre dans tous les droits et actions de l'ancien.

Le Code civil reconnaît trois espèces de successions : les successions légitimes, testamentaires et contractuelles. Les légitimes se subdivisent en régulières et irrégulières, d'après la qualité des héritiers appelés (art. 723). On pourrait encore, mais avec certaines restrictions, admettre une quatrième espèce de succession : celle aux biens des absents.

Les successions s'ouvrent par la mort naturelle ou la mort civile. Mais quand plusieurs personnes périssent dans le même événement, sans que les circonstances indiquent laquelle a survécu, il y a lieu à présomptions. Nous parlerons donc dans une première section de l'ouverture des successions par suite de la mort légalement constatée; dans une seconde, des présomptions de survie.

SECTION PREMIÈRE.

De l'ouverture des successions, par suite de la mort légalement constatée.

La première question qui se présente dans une succession c'est celle de savoir à quelle époque elle est ouverte. On conçoit combien cette question est importante, car les héritiers peuvent être différents suivant que la succession est ouverte ou plus tôt ou plus tard. La réponse paraît facile : c'est à l'instant de la mort que s'ouvre une succession ; c'est ce que nos coutumes avaient si énergiquement exprimé par les mots, *le mort saisit le vif.* Les biens, les droits d'un défunt ne peuvent rester en suspens; il est remplacé au moment où il décède, et il a pour héritier celui qui, à ce moment, se trouve appelé par la loi. Nulle différence sur ce point entre la mort civile et la mort naturelle; c'est toujours l'époque de la mort qui saisit l'héritier. Il ne s'agit donc, quand il y a lieu à succession, que de déterminer le moment de cette mort.

§ 1. *De la mort naturelle.*

Ordinairement la mort naturelle est constatée par les registres de l'état civil. Dans les cas où il n'existerait pas de registre, elle pourrait se prouver par titres, par témoins et par les écrits et papiers émanés des père et mère du défunt (art. 46). Mais les articles relatifs à la constatation des décès (art. 77, 78 et 79) n'obligent pas l'officier de l'état civil à consigner l'heure du décès, et ce n'est que, conformément à des circulaires ministérielles que cette mention se fait d'habitude : d'où il résulte qu'on pourrait attaquer cette mention sans avoir recours à l'inscription de faux et être admis à fournir la preuve contraire tant par titres que par témoins. Cependant les juges devront être extrêmement circonspects dans l'admission de cette preuve, car une attestation faite par un officier public, sur la déclaration de personnes qui ont assisté au fait qu'elles déclarent, mérite toujours une grande confiance.

§ 2. *De la mort civile.*

La mort civile est une fiction légale par suite de laquelle un individu vivant est réputé mort. Elle est encourue, pour les condamnations contradictoires, du jour de l'exécution réelle ou par effigie ; pour les condamnations par contumace après les cinq années qui suivent l'exécution par effigie (art. 26 et 27). On sait quelle est la conséquence de la peine capitale, des travaux forcés à perpétuité et de la déportation. L'exécution, pour les travaux forcés, a lieu par l'exposition ; pour la déportation, par le commencement du transport.

Une question importante se présente ici : savoir, à quel moment précis est encourue la mort civile? L'art. 26 du Code civil porte : les condamnations n'emportent mort civile qu'à compter du jour de l'exécution, et l'on s'est demandé à quel moment de ce jour il faut la rapporter.

Les auteurs sont partagés sur cette question. Les uns prétendent, qu'accessoire de la peine afflictive, la mort civile ne doit être encourue qu'au moment de l'exécution de cette peine ; d'autres, et nous nous rangeons à leur avis, ont soutenu qu'elle est encourue du commencement du jour de l'exécution. En effet, l'art. 26 ne porte que *du jour* et non du moment. De même l'art. 378 du Code d'instruction criminelle n'ordonne pas davantage la mention de l'heure dans le procès-verbal d'exécution qu'il prescrit.

Nous avons dit que le contumace n'encourt la mort civile qu'au bout de cinq ans après l'exécution par effigie de sa condamnation. Après ce laps de temps, il peut encore se présenter devant les tribunaux ; mais déclaré absous, il ne sera relevé que pour l'avenir de la mort civile. La succession ouverte par sa première condamnation reste invariablement acquise à ceux à qui elle a été déférée (art. 30 du Code civil, art. 476 du Code d'instruction criminelle).

La loi reconnaissait encore autrefois une autre circonstance dans laquelle la mort civile était encourue : c'était la profession religieuse, accompagnée de vœux autorisés par la loi. Aujourd'hui que les vœux perpétuels sont prohibés, la mort civile n'a plus lieu dans ce cas.

SECTION II.

Des présomptions de survie.

Un décès isolé ne pouvait donner lieu à de graves difficultés pour décider quels étaient les véritables héritiers du défunt au moment où ce décès est arrivé ; mais il n'en est pas de même dans le cas où deux ou plusieurs personnes appelées respectivement à la succession l'une de l'autre, périssent dans le même événement. Que juger alors ? à qui, et d'après quelles règles déférer la succession ? On ne pourra se décider que d'après des présomptions, présomptions qui, dans l'ancien Droit, étaient abandonnées à l'appréciation arbitraire du juge et que le Code s'est attaché à définir et à préciser dans les art. 720, 721 et 722.

La loi met en première ligne les circonstances de fait. L'appréciation doit nécessairement en être laissée au juge. Ces circonstances se prouvent, comme tout fait quelconque, par des procès-verbaux d'officiers publics, par des témoins, par commune renommée. Il n'est pas même besoin d'une preuve positive; il suffit que la survie de l'un soit indiquée par les circonstances, comme plus vraisemblable ou moins incertaine, pour que cette présomption de fait soit admise. Les auteurs citent, tous, les exemples suivants pour les présomptions tirées des circonstances de fait :

Un incendie ayant commencé au premier étage d'une maison, il est à croire que les personnes placées à cet étage ont péri avant celles qui étaient aux étages supérieurs.

Celui qu'une infirmité grave empêchait de fuir, est présumé décédé avant celui qui a pu se soustraire au danger pendant quelques instants.

Si une mère est tuée avec ses enfants en bas âge, par des voleurs, les enfants seront présumés avoir survécu, parce que les voleurs avaient plus d'intérêt à tuer la mère qui pouvait appeler au secours.

A défaut de ces circonstances de fait qui l'emportent en tout cas, la loi établit des présomptions fondées sur la force, l'âge et le sexe.

Si ceux qui ont péri ensemble avaient tous moins de quinze ans, le plus âgé sera présumé avoir survécu.

S'ils avaient tous plus de soixante ans, le moins âgé sera présumé avoir survécu.

Si les uns avaient moins de quinze ans et les autres plus de soixante, les premiers seront censés avoir survécu.

S'ils avaient tous plus de quinze ans et moins de soixante, le plus jeune est présumé avoir survécu ; dans ce cas, d'ailleurs, le mâle est toujours présumé avoir survécu lorsqu'il y a égalité d'âge ou si la différence n'excède pas une année.

De la comparaison des art. 721 et 722, il résulte que la différence du sexe n'est pas considérée lorsque les personnes qui ont péri ensemble n'avaient pas quinze ans accomplis ou avaient plus de soixante ans. Dans le premier cas, c'est toujours le plus âgé, dans le deuxième, le plus jeune, qui est présumé avoir survécu.

Si l'un de ceux qui ont péri ensemble avait moins de quinze ans, l'autre plus de quinze, mais moins de soixante, celui-ci serait présumé avoir survécu parce qu'il avait plus de forces.

Enfin si l'un de ceux qui ont péri avait plus de quinze ans et l'autre plus de soixante, la présomption de survie est en faveur du premier.

Si deux jumeaux de même sexe périssaient ensemble, le plus robuste serait présumé avoir survécu ; s'ils étaient de sexe différent, la présomption serait en faveur du mâle.

Il est encore un cas où il y a lieu à présomption, ce serait celui où deux personnes appelées à la succession l'une de l'autre, mourraient dans le même jour, mais non dans le même événement, sans que ni les circonstances ni des témoins puissent attester le prédécès de l'une d'elles. Dans ce cas, comme les présomptions ordinaires tirées de l'âge, de la force et du sexe, ne peuvent être appliquées, puisqu'il n'y a pas identité de situation, il faut, à défaut d'autres règles, suivre l'ordre de la nature, c'est-à-dire, que le plus jeune est censé avoir survécu.

L'on voit d'après les règles que nous venons de poser, que la loi faisant abstraction du sexe, admet trois positions différentes relativement à l'âge. Dans les deux premières (art. 721, al. 1 et 2), c'est en faveur de celui qui est présumé avoir plus de forces, qu'elle se prononce; dans la troisième (art. 721, al. 3; 722, al. 2), elle suit l'ordre de la nature, c'est-à-dire, que le plus jeune est censé toujours avoir survécu. Nous ajoutons le mot *toujours*, parce qu'il est beaucoup d'auteurs qui n'ont pas admis cette règle dans sa généralité. Il leur répugne que l'enfant qui vient de naître soit réputé avoir survécu à un homme âgé, par exemple, de soixante ans et quelques jours, et ils croient que la loi confère aux juges, en vertu même de la première partie de l'art. 720, le droit de décider négativement cette question. Mais Chabot observe avec raison, ce nous semble, que les art. 720, 721 et 722 n'ont été précisément édictés que pour couper court à l'arbitraire et aux interminables discussions qui surgissaient de l'incertitude de l'ancienne législation. D'ailleurs, ajoute-t-il, dans toutes les matières où le fait sur lequel devrait porter la décision, reste inconnu ou ne peut être constaté, il suffit pour les intérêts de la société en général, que le législateur ait établi une règle positive qui prévienne tous les débats.

Le droit d'invoquer la présomption n'est pas restreint aux héritiers des individus décédés; il appartient à tous donataires et légataires intéressés, et même à leurs créanciers. La loi ne leur accorde pas expressément ce droit, mais il est sous-entendu pour tous. C'est un effet du droit commun (art. 1166).

Une question de la plus haute importance se présente ici : Les présomptions de survie ont-elles lieu dans toutes espèces de successions, ou ne reçoivent-elles leur application que dans les successions légitimes?

Parmi les auteurs, les uns, et c'est le plus grand nombre, ont soutenu qu'il faut les restreindre aux successions légitimes; d'autres, et leur avis nous semble plus rationnel, ont prétendu qu'elles s'appliquent à toute espèce de succession.

Les partisans de la première opinion se sont appuyés d'abord sur l'ancienne jurisprudence et sur quelques textes du Droit romain;

ensuite ils ont conclu de la place qu'occupent les art. 720, 721 et 722, au titre des successions, qu'on ne saurait les appliquer aux donations et testaments ; enfin, argumentant à la fois et de la lettre et de l'esprit de la loi, ils ont dit que l'art. 720 n'établit de présomptions que pour *les personnes respectivement appelées à la succession l'une de l'autre*, et dans les cas seulement où il y avait nécessité, en ce sens que si la loi n'avait indiqué des héritiers, il n'y aurait pas eu d'héritiers, ce qui ne saurait jamais avoir lieu dans les testaments.

Nous allons reprendre et combattre un à un, tous ces arguments. Et d'abord, nous ne saurions admettre l'appui que l'on cherche et dans les textes du Droit romain et dans l'ancienne jurisprudence. Ces textes sont confus et indécis ; l'ancienne jurisprudence sur ce point est variable, et c'est précisément parce que le législateur a reconnu l'insuffisance de l'ancienne législation qu'il a établi des règles nouvelles plus fixes et plus précises.

La conséquence que l'on tire de la place des art. 720, 721 et 722 n'est pas plus concluante. Le législateur établit une règle, peu lui importe où, et ne s'astreint pas à la répéter à chaque application qui doit en être faite. Ainsi presque toutes les règles des successions *ab intestat* régissent les successions testamentaires. Pourquoi n'en serait-il pas de même des présomptions de survie ? Parce que l'article 720 ne les édicte que pour le cas de décès simultané de deux personnes appelées respectivement à la succession l'une de l'autre ? Alors du moins il faut admettre que, lorsqu'il y a réciprocité d'avantages entre deux testateurs, elles sont applicables. Mais nous allons plus loin, et, lors même qu'il n'y a pas réciprocité, nous soutenons qu'il y a lieu à présomption. D'abord la raison de décider ainsi existe comme pour le cas de réciprocité : ce sont les intérêts de la justice et de l'équité qui ont fait établir ces règles exceptionnelles. Ces intérêts n'existent-ils pas dans le second cas comme dans le premier ? D'ailleurs la lettre même de la loi ne nous semble pas contraire à notre opinion. L'incise, *respectivement appelées à la*

succession, est simplement démonstrative ; c'est le cas le plus général, et voilà tout. En effet, c'est une opinion adoptée par tous les
auteurs, que les présomptions de survie ont lieu, en tous cas, dans
les successions légitimes, et cependant nous y trouvons bien des
positions où des personnes qui périssent ensemble ne sont pas appelées à la succession l'une de l'autre.

Quant à la raison tirée de la nécessité des présomptions, elle est
sans fondement. N'y aurait-il pas eu des héritiers en tout cas, en
l'absence des art. 720, 721, 722? L'art. 135 ne suffisait-il pas?
Pourquoi donc la loi a-t-elle établi ces présomptions? C'est parce
que la justice aurait pu être lésée et qu'ainsi on se rapprochait plus
de la vérité.

Nous établirons donc en principe que, fondées sur l'équité et la
nature, les présomptions de survie entre personnes qui périssent
dans le même événement, doivent être appliquées dans tous les
cas où l'une d'elles avait des droits subordonnés au prédécès de
l'autre.

APPENDICE.

De la présomption de mort en cas d'absence.

Nous avons dit qu'on peut, jusqu'à un certain point, admettre
une espèce de succession pour le cas d'absence. L'envoi en possession est en effet un moyen d'acquérir à titre universel tellement ana-
logue à la succession, que nous avons cru devoir parler ici de la
présomption de mort en cas d'absence.

Cette présomption remonte au jour de la disparition ou des der-
nières nouvelles de l'absent. Mais, comme toutes les présomptions
juris tantum, elle tombe devant la preuve contraire. Ainsi la loi accorde bien l'universalité des choses délaissées par l'absent à ceux qui
étaient ses héritiers au moment qu'elle indique (art. 125); mais elle

les dessaisit lorsqu'il vient à être découvert qu'il n'est mort que postérieurement. Ce n'est donc ici qu'une succession résoluble et provisoire.

En vertu de la même présomption de mort, les successions qui s'ouvrent pendant l'absence, sont dévolues exclusivement à ceux avec lesquels l'absent aurait eu le droit de concourir, sans préjudice toutefois de son action en pétition d'hérédité.

CHAPITRE III.

DE LA SAISINE DES HÉRITIERS.

Nous avons vu qu'il existe deux espèces de successions legitimes : les successions régulières et les irrégulières. Aux premières sont appelés les héritiers légitimes proprements dits, c'est-à-dire les parents successibles jusqu'au douzième degré ; aux secondes, qui n'ont lieu qu'à défaut des premières, viennent, en premier rang, les enfants naturels ; en second, l'époux survivant, et enfin, à leur défaut, l'État.

La principale différence qui existe entre ces deux espèces d'héritiers, c'est que les premiers sont saisis de plein droit, et que les autres doivent se faire envoyer en possession. Du reste, les héritiers légitimes ne sont pas les seuls saisis : l'héritier institué et le légataire universel le sont également, lorsqu'au décès du testateur il n'y a pas d'héritiers à réserve (art. 1006).

La saisine a été puisée dans nos anciennes coutumes. En Droit romain, l'on ne connaissait de saisine que pour les héritiers *siens et nécessaires*. Dans tous les autres cas, l'on admettait la maxime : *Hæreditas non adita personam defuncti sustinet*. Cette maxime ne prévalut jamais en France, pas même dans les pays de Droit écrit ; partout l'on di-

sait : le mort saisit le vif, son hoir le plus proche habile à lui suc-
céder.

La saisine est une fiction de la loi, en vertu de laquelle, à l'instant
même où la succsssion s'ouvre, les héritiers deviennent de plein
droit, et, même à leur insu, propriétaires et possesseurs de l'hérédité, et acquièrent comme tels, tant activement que passivement,
la qualité de représentants juridiques du défunt.

L'on voit, d'après cette définition, qu'à l'instant du décès, sans
faire aucune démarche, l'héritier, en vertu de la loi, continue la
personne du défunt et le remplace en tout. D'où il suit qu'il accepte
ses droits avec tous les vices qui y sont inhérents. En un mot, l'é-
tendue et la nature des droits du défunt sont l'exacte mesure de ceux
de l'héritier, qui les reçoit tous, sauf ceux essentiellement person-
nels, *jura personalissima*. Du reste, étant investi dès l'instant de l'ouverture de la succession, il transmet tous les droits qu'il a recueillis
à ses propres héritiers, n'eût-il survécu qu'un moment au défunt.

En vertu de la saisine, il a de même le droit d'intenter de suite
toutes les actions qu'avait à exercer ce dernier, comme aussi les actions contre le décédé peuvent être exercées contre l'héritier ; mais
ici la loi vient à son secours. Poursuivi par les créanciers de la succession, il leur opposera ou l'exception dilatoire du délai pour faire
inventaire et délibérer, ou l'exception péremptoire de la renonciation. Il n'était pas juste, en effet, de forcer un héritier à se charger
d'une hérédité onéreuse.

Il résulte encore de la définition, que l'acceptation d'hérédité n'est
pas un moyen d'acquérir, mais une simple déclaration du saisi qu'il
entend exercer le droit ouvert à son profit. La renonciation est une
véritable abdication de propriété.

Si le premier appelé renonce, le suivant est saisi, et cette saisine
remonte, pour les effets, au moment de l'ouverture de la succession.
Le renonçant est réputé n'avoir jamais été héritier, et celui qui le
remplace l'avoir été dès l'instant du décès du défunt.

Nous avons dit que l'héritier institué et le légataire universel ont aussi la saisine dans le cas de l'art. 1006. Quant au légataire particulier et au donataire, ils sont obligés, comme les successeurs irréguliers, de se faire envoyer en possession. Cet envoi en possession doit être demandé, soit aux héritiers saisis, soit en justice. Mais avant même la demande, ils transmettent à leurs propres héritiers le droit de se faire envoyer en possession de la portion qui leur échoit dans la succession ouverte (art. 724, voy. pour les formalités de l'envoi en possession, art. 769 à 774).

JUS ROMANUM.

DE ACQUIRENDO RERUM DOMINIO.

I.

Duorum generum sunt modi acquirendi : quarumdam enim rerum dominium nanciscimur jure gentium, quarumdam autem jure civili. Quatuor agnoscit modos naturale jus, scilicet; occupationem, accessionem, fructuum perceptionem et traditionem. Civiles modi, aut universitatis, aut singularis rei dominium transferunt.

II.

Occupatio est rerum corporalium nullius ad prehensio animo sibi habendi.

Prima igitur conditio est rem *nullius* esse sivè natura sua, sivè voluntate domini, sivè denique lapsu temporis ut propter vetustatem, dominus ignoretur.

Altera conditio ut animo simul et actu corporali fiat.

Inde facile deduci possunt variæ occupationis species scilicet : venatio sivè occupatio ferarum bestiarum ; occupatio bellica seu adprehensio personarum rerumve hostilium ; jactus missilium et inventio cujus præcipua species est Thesauri inventio sivè veteris cujusdam pecuniæ depositionis cujus non extat memoria ut jam dominum non habeat.

III.

Accessio est acquisitio rei novæ quæ cum re nostra quomodocumque conjungitur ; vel ex re nostra nascitur. Quid autem sit principale, generali definitione comprehendi non potest. Res autem nova pluribus potest modis ex re nostra nasci vel saltem cum re nostra jungi, scilicet : natura, industria, vel mixtim.

Natura nobis accedunt : Vernæ ex ancillis nostris nati : Insula in flumine nata quæ ex parte inter riparum dominos dividitur pro modo latitudinis cujusque prædii : Incrementum latens beneficio fluminis ripæ adjectum (alluvio) ; pars agri alieni vi fluminis abrupta dum nostro coaluerit ⌐ars adjecta : denique alveum derelictum quod eorum est qui utrinque prædia possident.

Industrialis accessio fit, cum ad rem nostram principalem opera humana quædam adjicitur ; accessorium autem non semper nobis acquiritur : si enim conjunctæ res, salva substantia, separari possunt rei accessoriæ dominus actione *ad exhibendum* aget, restitueturque : si non, tunc nostræ accessit res accessoria indemnem dominum faciendo. Hujus accessionis species sunt adjunctio, commixtio et specificatio.

Mixta denique accessio est cum simul et natura et opera humana quid rei nostræ adjicitur, veluti in plantatione et satione. Hic observandum juris axioma : quod implantatur, solo cedit, dum radices egerit.

IV.

Per *fructuum perceptionem* bonæ fidei possessori ipsorum dominium acquiritur. Fructus est quidquid in fundo nascitur, quidquid inde percipi potest.

V.

Traditio est actus quo possidens rem corporalem in alium ejus rei possessionem transfert. In rerum incorporalium translatione, locus est *quasi-traditioni*. Potest autem traditio fieri, aut actu corporali, velut circum ambulando fundum; vel actu symbolico, velut tradendo claves horrei in quo depositæ merces; vel denique nuda voluntate, veluti si rem quam tibi quis commodavit aut locavit aut apud te deposuit, aut vendiderit, aut donaverit.

VI.

Universitatis acquirendæ jure civili modi sunt:

Hereditatis acquisitio.

Bonorum possessio quæ hæreditas est edicto prætoris iis delata quos juris civilis nimia repelleret severitas.

Acquisitio per adrogationem qua omnes res corporales et incorporales adrogati, quæque ei debitæ, adrogatori pleno jure acquiruntur, exceptis iis quæ, per capitis deminutionem pereunt. Sic jure vetere; nunc autem nihil aliud nisi ususfructus adoptivis parentibus per filios-familias acquiritur in iis rebus quæ extrinsecus filiis obveniunt, dominio eorum integro servato.

Addictio bonorum libertatum servandarum causa quod fit cùm ii qui libertatem acceperunt a domino in testamento vel in codicillo et non adeatur hereditas, sibi bona velint addici libertatis conservandæ gratia.

Successio fisci in bona damnatorum et bona vacantia.

Ingressus in monasterium.

Adquisitio per sectionem bonorum.

Ex S. C. Claudiano.

Conventio uxoris in manum.

Tres hos modos sustulit jus novum.

VII.

Singulares modi sunt:

Usucapio, id est, adjectio dominii per continuationem possessionis tempore lege præfinito. Usucapi non possunt res quæ sunt extra commercium. Possessio debet esse bonæ fidei.

Donatio sivè liberalitas, nullo jure cogente, in accipientum collata. Descendit in donationem *mortis causa* et donationem *inter vivos*. Posterior ex nunc irrevocabile jus transfert: prior ex morte pendet et usque ad id tempus revocari potest.

Legatum quod est ultima voluntas qua quid titulo singulari, verbis directis alicui relinquitur; si verbis precativis, fidei-commissum est. Hic ad acquirendum, in eo qui legat debet esse testamenti factio activa, in eo cui legatur, passiva.

VIII.

Addendi sunt ad huc duo alii dominii acquirendi modi quibus et universitas et singularis res acquiritur, scilicet: Mancipatio et in jure cessio. His autem non erat locus nisi in rerum *mancipi* alienatione. Conferebant *dominium quiritarium*. Sic olim; novum autem eos abstulit jus.

DROIT CRIMINEL.

(CODE D'INSTRUCTION CRIMINELLE, ART. 113-127.)

DE LA MISE EN LIBERTÉ PROVISOIRE.

L'une des questions les plus intéressantes du Droit criminel est, sans contredit, celle de la détention préventive, et, par suite, de la mise en liberté provisoire. Comme toutes les questions qui intéressent la liberté des citoyens, elle est grave et importante. Cependant, à voir la manière dont l'a traitée le législateur, les entraves qu'il a imposées au juge, le peu de garanties qu'il a accordées à un prévenu, souvent plus malheureux que coupable, on dirait qu'il ne l'a point envisagée du haut point de vue qu'elle méritait. Quand on considère, en effet, le peu de cas où la loi accorde la liberté provisoire; qu'elle regarde comme un bénéfice, une exception, tandis que ce n'est qu'un droit; quand l'on voit les conditions onéreuses et, la plupart du temps, impossibles, qu'elle exige, on s'étonnera avec raison que cette matière n'ait pas, comme le Code pénal, appelé une révision devenue nécessaire sous notre constitution. Cette caution pécuniaire, imposée invariablement et dans tous les cas, n'est-elle pas une espèce de privilége, et comme tel, ne porte-t-elle pas atteinte au premier de nos droits : l'égalité devant la loi?

On pourrait nous dire que celui qui s'est rendu coupable d'un crime n'est pas digne des mêmes garanties que les autres citoyens. Oui; mais tant que l'accusé n'a pas paru devant la justice, tant qu'il n'a pas subi condamnation, il est innocent, et, comme tel, il mérite toute la faveur de la loi. Ce n'est pas, du reste, que nous voulions soutenir qu'en tous cas la liberté provisoire puisse être accordée. Elle est de droit naturel, sans doute; ma s les nécessités sociales ont imposé au législateur le devoir d'y mettre des bornes; seulement ces bornes, comme toute atteinte portée à la liberté, doivent être aussi larges, aussi reculées que possible. Et c'est, ce nous semble, ce qui n'existe pas dans notre législation sur la matière qui nous occupe.

Pourquoi notre Code se montre-t-il plus sévère que les législations antérieures? ne devait-il pas plutôt tempérer encore ce qu'elles avaient de trop sévère? pourquoi restreint-il un droit déjà établi sous nos premiers rois, respecté par Charles VII, Louis XII, François Iᵉʳ, confirmé par l'ordonnance de 1670, et que renouvelèrent et étendirent encore le Code de 1791 et celui du 3 brumaire an IV?

Le remède à ce mal serait, ce nous semble, d'étendre le pouvoir du juge. Vous lui accordez la faculté de concéder ou de refuser, à son gré, la liberté; pourquoi, d'un autre côté, lui imposer l'entrave du cautionnement, surtout d'un cautionnement fixe et invariable? Laissez-lui le soin d'arbitrer toujours, et quelles que soient les circonstances, si un prévenu présente assez de garanties pour n'avoir pas à craindre qu'il mésuse de sa liberté, laissez-lui chercher ces garanties, non-seulement dans la fortune de l'inculpé, mais dans sa position sociale aussi, dans ses relations de famille, dans ses antécédents, dans la nature même du délit. Ne punissez pas par avance un prévenu qui sera peut-être innocent et dont tout le crime sera d'avoir eu contre lui des présomptions fâcheuses. Au lieu de lier le juge pour accorder la liberté, empêchez-le de porter atteinte à cette même liberté. Ne fixez pas les cas où il pourra lever la détention préventive, mais bien ceux où il ne pourra pas ne pas mettre en liberté provisoire. Encore une fois, ce n'est pas la liberté qui est une exception, mais bien la détention.

D'ailleurs, en admettant même le système actuel, pourquoi la détention préventive n'entre-t-elle pas en ligne de compte avec la

peine infligée ? pourquoi punir doublement, quelquefois, un individu, qui n'est coupable que du jour où la justice l'a déclaré tel et qui
ne doit subir que la peine que cette même justice a cru devoir lui
infliger ? C'est aggraver d'une manière injuste la punition de tous les
délits.

Nous avons cru nécessaire d'exposer ici ces réflexions préliminai-
res : nous allons entrer maintenant dans l'examen et l'analyse de
la loi.

La mise en liberté provisoire, d'après le Code d'instruction criminelle, est un bénéfice accordé à l'inculpé en matière correctionnelle
de rester en liberté jusqu'à son jugement, moyennant caution de se
présenter à tous les actes de la procédure et pour l'exécution du jugement, aussitôt qu'il en sera requis. Il est, du reste, laissé à l'arbitraire du juge d'accorder ou de refuser cette liberté provisoire.
L'accusé peut invoquer ce bénéfice en tout état de cause, même en
appel et, après cet appel, pendant le recours en cassation. La juri-
diction qui connaît de la demande, avant que l'accusé soit en justice,
est la chambre du conseil. Une fois qu'il est en justice, c'est la juri-
diction devant laquelle sa cause est pendante. Devant toutes ces ju-
ridictions, le ministère public doit donner ses conclusions (art. 114).
La loi exclut de ce bénéfice :

1° Ceux dont le titre de la prévention emporte une peine afflictive
ou infamante (art. 113) ;

2° Les vagabonds (art. 115) ;

3° Les repris de justice (art. 3 *bis*). On ne doit pas attendre ici par
repris de justice ceux qui n'ont été condamnés que par voie de police simple ou de police correctionnelle ;

4° Le prévenu qui, une première fois, aurait laissé contraindre
sa caution (art. 126).

A l'effet d'obtenir sa liberté, l'accusé présentera une requête au
tribunal saisi, avec offre de fournir la caution voulue par la loi.
Cette requête contiendra, en outre, élection de domicile dans le lieu

où siège le tribunal. Communication de cette demande sera notifiée à la partie civile, à son domicile. La caution discutée par le procureur du roi et la partie civile, l'accusé pourra être mis en liberté *provisoire*.

Nous remarquerons que ce mot *provisoire* n'indique pas seulement qu'il sera mis en liberté jusqu'à sa condamnation, mais aussi que son état est tout à fait précaire et peut changer selon les divers aspects que prendra le titre de l'accusation. Ainsi, si la chambre du conseil avait rendu à la liberté un individu prévenu d'un délit purement correctionnel, et que de nouveaux faits, découverts depuis, rendissent ce délit *criminel*, elle révoquerait sa première ordonnance par une seconde de prise de corps. De même, si la chambre de mise en accusation ne reconnaissait pas le caractère de criminalité à un délit que lui aurait déféré comme tel la chambre du conseil, elle pourrait, en renvoyant le prévenu devant la police correctionnelle, le mettre en liberté provisoire.

Notre législation n'admet plus, comme l'ordonnance de 1670, de simple caution juratoire. La caution, aujourd'hui, doit être justifiée par des immeubles libres pour le montant du cautionnement, et une moitié en sus, si mieux n'aime la caution déposer dans la caisse de l'enregistrement et des domaines, le montant du cautionnement en espèces. Ce cautionnement, qui était, dans le Code du 3 brumaire an IV, porté à 3,000 fr. dans tous les cas, est fixé par l'art. 119 à 500 fr. Le juge ne pourra jamais descendre le cautionnement au-dessous de cette somme : il ne pourra non plus jamais l'élever au-dessus, si ce n'est dans les cas prévus par les al. 2 et 3 de l'art 119 :

« Si la peine correctionnelle était à la fois l'emprisonnement et une amende dont le double excéderait 500 francs, le cautionnement ne pourrait être exigé d'une somme plus forte que le double de cette amende. »

« S'il avait résulté du délit un dommage civil appréciable en argent, le cautionnement sera triplé de la valeur du dommage, ainsi qu'il sera arbitré, pour cet effet seulement, par le juge d'instruction, sans néanmoins que, dans ce cas, le cautionnement puisse être au-dessous de 500 francs. »

On entend par dommage civil le dommage matériel, sans parler des dommages-intérêts dus pour réparation d'honneur.

S'il se présentait un cas où le double de l'amende encourue excéderait 500 francs et où le dommage civil excéderait le double de l'amende, c'est à la somme la plus forte que devrait être porté le cautionnement.

Dans tous les cas, le juge d'instruction est chargé de fixer le montant du cautionnement qui, du reste, peut être fourni par le prévenu lui-même.

La caution une fois admise, le prévenu ou le tiers son fidéjusseur fera soumission, soit au tribunal à qui il a adressé sa demande, soit devant notaires, de payer entre les mains du receveur de l'enrégistrement, en cas de non comparution à la première réquisition. Cette soumission est inutile si la caution se constitue en versant la somme voulue. Cette soumission, dont copie exécutoire devra être remise à la partie civile, entraîne la contrainte par corps; mais si la caution a fait le versement, le seul effet pour elle, de la non-comparution, serait de lui faire perdre ce qu'elle a déboursé. Du reste, comme la caution s'oblige à représenter le prévenu à tous les actes de la procédure, il s'ensuit que la non-comparution de celui-ci à un acte quelconque, entraîne la réalisation de la responsabilité de la caution. Dans ce cas et dans tous ceux où il y échet, le juge d'instruction, sur les conclusions du procureur du roi ou sur la demande de la partie civile, rend une ordonnance pour le payement de la somme cautionnée. Elle se poursuit à la requête du ministère public et à la diligence du directeur de l'enregistrement, sans préjudice des intérêts de la partie civile. Si c'était après le jugement définitif, ou pendant l'appel, que se poursuivît le payement du cautionnement, ce serait au tribunal qui a jugé d'abord ou à la cour saisie de l'appel qu'il appartiendrait de rendre une ordonnance de payement.

Le montant du cautionnement sera affecté ainsi qu'il est dit en l'art. 121. D'ailleurs, dans tous les cas où des poursuites devront avoir lieu contre la caution, le prévenu, sur une ordonnance du juge d'instruction, sera saisi et écroué, et dans cette circonstance et dans toutes autres analogues, ce qui sera resté du cautionnement, après avoir satisfait au prescrit de l'art. 121, sera remis à la caution.

Nous terminerons en parlant de l'art. 123, qui s'occupe d'un objet qui ne rentre pas précisément dans la rubrique de la *mise en liberté provisoire*. Il parle de la caution qu'on pouvait, dans le cas de l'art. 44 du Code pénal, exiger des père, mère, tuteur, etc. , curateur de l'individu mis sous la surveillance de la haute police pour garantie de sa bonne conduite. L'art. 44 ayant été abrogé par la loi du 28 avril 1832, et remplacé par l'art. 30, tit. 2 de cette loi, l'art. 123 demeure, ce nous semble, sans objet, puisque le gouvernement se charge lui-même d'entourer le surveillé des précautions nécessaires pour garantir la société.

DROIT COMMERCIAL.

La cession de biens est un bénéfice accordé au débiteur malheureux et de bonne foi, afin de se libérer de la contrainte par corps, en abandonnant tous ses biens à ses créanciers. En Droit commercial, il ne peut y avoir lieu à cession de biens que dans le cas de faillite. Aujourd'hui ce bénéfice est tout à fait interdit au débiteur commerçant. La loi du 28 mai 1838 porte en effet, art. 541 : Nul débiteur commerçant ne pourra être admis au bénéfice de la cession de biens. C'est une amélioration dans la loi sur les faillites et banqueroutes, en ce sens qu'elle détruit une chose inutile, un hors-d'œuvre. La loi, en effet, dès qu'un commerçant cesse ses payements, le déclare en faillite, et, comme tel, le dessaisit de l'administration de ses biens, qui sont déclarés le gage commun de ses créanciers. Dès lors la cession de biens qu'il ferait, devient absolument inutile et ne servirait qu'à entraver la marche de la faillite. Quant à la contrainte par corps, elle deviendrait sans objet dans la faillite. En effet, son seul but est de forcer le créancier à découvrir des ressources qu'il cachait à ses créanciers ; et si le failli usait d'une telle supercherie dans son bilan, il encourrait les peines rigoureuses de la banqueroute frauduleuse.

FIN.